Kontaktadresse nach EU-Produktsicherheitsverordnung:
produktsicherheit@fischerverlage.de

Obwohl Rose Ausländer seit 1978 ans Krankenbett gefesselt war und die Vergangenheit als verfolgte Jüdin unvermindert auf ihr lastete, strahlt auch ihre Alterslyrik Zuversicht aus: »Es ist eine vorbehaltlos lebensfreundliche Haltung, die Rose Ausländer beseelt. Überall, wo das Leben auf sie zutritt, öffnet sie sich in ihrer ursprünglich gebliebenen Begeisterungsfähigkeit« (Beatrice Eichmann-Leutenegger). Nicht einmal das Wissen um die Nähe des eigenen Todes hat diese Lebensfreude trüben können. Im Gegenteil – Leben und Tod, Sterben und Wiedergeburt, Diesseits und Jenseits gehörten für Rose Ausländer eng zusammen: »Laß mich / dir entgegenblühn / Schönheit / Es heißt / blühn und / sterben«.
Der Band enthält Gedichte aus den Jahren 1982 bis 1983. Sie wurden erstmals veröffentlicht in den Zyklen *Südlich wartet ein wärmeres Land* (1982), *So sicher atmet nur Tod* (1983) und *Ich zähl die Sterne meiner Worte* (1985). Neu ist vor allem die »Poesie der einfachen Form« (Walter Hinck), die diese späten Gedichte auszeichnet: immer kürzer, immer schlichter, zuletzt sogar ohne Titel – und doch jedes für sich ein lyrisches Kunstwerk.

Rose Ausländer, geboren am 11. Mai 1901 in Czernowitz / Bukowina, starb am 3. Januar 1988 in Düsseldorf. Sie studierte Literaturwissenschaft und Philosophie. Als Jüdin von den Nationalsozialisten verfolgt, überlebte sie in Czernowitz. 1946 wanderte sie in die USA aus, kehrte 1964 nach Europa zurück und zog 1965 nach Düsseldorf. Seit 1972 lebte sie dort im Elternhaus der Jüdischen Gemeinde. Sie veröffentlichte mehr als dreißig Gedichtbände und erhielt zahlreiche literarische Auszeichnungen.

Im Fischer Taschenbuch Verlag liegen die *Werke* Rose Ausländers in sechzehn Bänden vollständig vor.

Unsere Adresse im Internet: www.fischerverlage.de

Rose Ausländer
Und nenne dich
Glück
Gedichte

Fischer
Taschenbuch
Verlag

Rose Ausländer – Werke
Herausgegeben von Helmut Braun
Band 12

8. Auflage

© 2022 S. Fischer Verlag GmbH,
Hedderichstr. 114, 60596 Frankfurt am Main

Zusammenstellung für diese Ausgabe:
Fischer Taschenbuch Verlag GmbH, Frankfurt am Main
© S. Fischer Verlag GmbH, Frankfurt am Main 1986 und 1988
Der Abdruck der Gedichtzyklen
Südlich wartet ein wärmeres Land (1982) und
So sicher atmet nur Tod (1983)
erfolgte mit freundlicher Genehmigung der
Pfaffenweiler Presse, Pfaffenweiler.
Druck und Bindung: BoD – Books on Demand GmbH,
Norderstedt, Germany
ISBN 978-3-596-11162-6

1982

Südlich wartet ein wärmeres Land

Heimatstadt

Eine goldene Kette
fesselt mich
an meine urliebe Stadt

wo die Sonne aufgeht
wo sie untergegangen ist

für mich

Czernowitz II

Silberne Pruthsprache
Buchen – Weidengespräche

Zarter und derber
Viersprachenklang
von Deutsch beherrscht

Jiddische
deutsche
Dichter
heimattreu

Bukowina IV

Grüner Walddiamant
Laubwälder im Norden
voll jubelnder Vögel

Im Süden
nördliche Kühle
Fichten Dreieckgebirge

Vierliederland

Langsame Menschen
ihre runden Blicke
kreisen
um die vielgestaltige
Heimat

Czernowitz vor dem Zweiten Weltkrieg

Friedliche Hügelstadt
von Buchenwäldern umschlossen

Weiden entlang dem Pruth
Flöße und Schwimmer

Maifliederfülle

um die Laternen
tanzen Maikäfer
ihren Tod

Vier Sprachen
verständigen sich
verwöhnen die Luft

Bis Bomben fielen
atmete glücklich
die Stadt

Erdbeben in Bukarest

Gestürzt
in erstickende Trauer
um die Opfer

Kristallaugen
dieser schönen Stadt
gebrochen
ihr Mund ein Schrei

Mir bebt die Erde
im Bett
die Decke ist Schutt

Mein Haus eingestürzt
mein Hilferuf erstickt
ich lieg unter Steinen
und Mörtel
mit den Verschütteten

Niagara Falls II

Den erträumten Sonntag finden
bei den Niagarafällen
die Wirklichkeit verlieren

Hier
stürzt das Wasser
von Hochterrassen
uns zu Füßen

ein schäumender Halbkreis
und eine wassergerade Linie
die zwei Länder
verbinden

Der Wassermund
gebietet uns zu schweigen
er hat das Wort

Die Wasserohren hören nur
die brausende Sprache
ihrer schäumenden Lippen

Es heißt Abschied nehmen
von den unwirklichen Wasserfällen
daheim
die Wirklichkeit wiederfinden

Central Park im August

Himmel floridablau
wucherndes Grün
Luft aus verstricktem Geruch

Der Central Park
hat Rotkehlchen gepflanzt
Sie blühen im Laub

Auch Eichhörnchen
mit goldnen Büscheln
hat er ausgestreut
ihre Augen rollen
um deinen Schritt

Auf dem Hügel der Obelisk
Osiris geweiht

Zwischen Wasser und Moos
Gesichte aus mystischem Grün
denk an Leonardo

Diese flimmernde Brücke
blindlings erbaut von Monet

Macht Platz der Karosse
das blonde Pferd schaukelt
das Liebespaar
von fünf bis sechs
durch den August

Der Hudson

Die Stadt breitet aus
ihre Geräusche

Wir bewegen uns auf Rädern
meileneilig vorbei an
fremden Früchten
anonymen Gesichtern

Wohin rollen wir
straßauf straßab
in der Lärmverwehung
wir fahren vorüber
an unserm Haus
und erkennen es nicht

Das Auto hält vor einer
dreistelligen Zahl im Westen
Wir steigen aus und
lassen uns treiben vom Wind
zum Riverside Drive
wo der Hudson wohnt

Er spricht alle Sprachen
jeden Slang
Was ist deine Mission
Meister Hudson
seine Antwort
duftet nach
Meer und Amerika

Festtag in Manhattan

Festtag in Manhattan
der König
von Chimära
ist da

Trommeln und Trompeten
den Broadway entlang
grüßen den Gast
Die Kirchen beten
Es ist fast
Frieden

Aber der Glanz
der glänzende Glanz
Amerikas
und der Nachbarplaneten
und der ungebornen Engel
ist nah
denn der König von Chimära
ist da

Paris II

Wo die Luft flimmerndes Silber
im Regen und Sonnennebel
die Gassen aus bunten Stimmungen

Wo Poesie eine Kapelle eine Kathedrale
wenn du Legenden suchst
geh zu ihren Fenstern

Gleichmütig fällt die Zeit
in die Seine
heftet sich behutsam an Gemäuer
das alternd schön ist

Wo Springbrunnenmünder
singen mit Lust

Wo der Riese
aus Filigranstäbchen
gehäkelt
die Küsse in Seitengassen
umarmt
wirklich verrückt wie er
Paris festhält
und verschenkt

Peille

Vergiß nicht
die Uhr aufzuziehn
hier steht die Zeit still

Scharfe Spiralen
um rauchende Abhänge
gespaltene Bergleiber

Schluchten verteilt
an Klippen und Katzen

Hinter dem romanischen Tor
am Nebelhang
brechen Treppen zusammen

Ein zahnloser Greis
am Brunnen
den Zeigefinger auf dem Mund
das Zeichen des Schweigens

Vergiß nicht die Uhr
aufzuziehn

Sonntag in Barcelona

Kreis an Kreis in Kreisen
ein alter Brauch
in Barcelona
tanzt das Volk

Schwarz das Schiff
die Seeschlacht schwarz
man brachte aus Lepante
das Kruzifix
Kapelle rechts
die Zeit hängt schwarz
am langen Antlitz
jahrhundertelang

Kreis an Kreis in Kreisen
tanzt mit wer will
im leichten Schritt
das Sonnenherz
nimmt alle auf

sonntags
am Platz vor der Kathedrale
in Barcelona
gelassen
tanzt das Volk

In Toledo

Ich war einmal
in Spanien geboren

Ich wehre mich
gegen den Eindringling
Zeit

In Toledo daheim
ich schlag eine Brücke
zu El Grecos Hand

Sie legt mir
ein Gedicht
in den Schoß

Andalusien

Das offne Herz der Muschelsonne
durchbraust vom Himmelskatarakt
an Alicantes Küste mildes Meer

(Touristen knipsen hastig)

Hohe Bogenhalle rote Gänge
das Wunder in Cordoba
die Moschee

(Kameras balsamieren das Wunder)

Palmenfächer Andalusiens Muschelsonne
im Spiegel wieviel Wasserspiegel
in deinem Muschelaug

(Lippenmuscheln Augen offen)

Verschwiegne Höfe Muster spitzenzart
auf Säulen aus gezähmten
vermählten Ornamenten die Wände
Sevillas Ahnenstolz in Alcazar

(Stolz da zu sein
nicht stolz sei da)

Reglos das runde Wasser
Alhambras geschliffener Spiegel
wo die Zeit sich erblickt

(Hüte Alhambras Geheimnis Fremder)

Erkennst du dich
in Granadas Spiegel
im blinden Ablauf der flüssigen Stunde

(Wassergeheimnis
in deine Augen geritzt)

Akropolis II

Spürst du
die Eindringlichkeit
von Löwenaugen
den Stachel des Lichts

Lautlos
von weißen Altären
stürzt Torso um Torso

In welches Vergessen
sind ihre Häupter gebettet

Steine
bereit zu zaubern
die Formel lautet
»Geist sei Stein
Leib sei Geist
Weißes Athen ersteh«

Im Säulengeheimnis
ersteht
der Verzicht
der Kyriadueden
Rundung und Laub
ruinenreif weißgewandet
schlafwandelnd
die Stadt:
Tempel Trümmer und Traum

Italien II

Du Glockenmund
Sonnenfuß im Süden
ihr Marmorarme
Terrassen violett
im Traubenschaum

Gondelland
verliebtes Land
aus Laute und Serenade
unter funkelnden Tüchern
träumt deine Schwermut

Antike Türme Zypressen
umgrünen das Schicksal
deiner Trümmer
es schläft der Vesuv
im furchtbaren Feuer

Volk im Prisma der Vokale badend
in deinen Pupillen
leuchtet Latein

Deine Menschen singen Vergangenheit
lächeln arbeiten betteln singen
mit Grandezza
deine Gegenwart

Rom II

Sieben Profile
den Jahrhunderten
preisgegeben

Tiber
gelber Gürtel
um das Castel San Angelo
wo der Goldengel
wacht

Berninis Marmorfleisch
weiß die Zeit
Roms Steinlebendigkeit

St.-Peters-Dom
vier Reihen Säulen und Pfeiler
umkreisen den Kosmos
Fontänen
zeitauf zeitab
Sang aus Kristall

Pieta
unpersönliche Mutter
erste Kapelle rechts
hebt dich ins Schiff

Die Vatikanwelt
bis ins Jüngste Gericht
Michelangelos Chemie
endgültiger Scheidung

Die Vergangenheit
folgt dir
von Forum zu Forum

Atme tief
trink Chianti
von den Wurzeln aus Stein

San Michele

Ich habe Neapel gesehen
im Herzen der Sonne
der Vesuv rauchte
das herrliche Trümmerfeld
von Touristen zerredet

Das Schiffchen
nach San Michele
wo jener Arzt
der die Colitis erfand
auf dem Hügel
seine Villa baute
unter dem lila Himmel

Im Wasser schwamm
ein Regenbogen
Versöhnungszeichen

Hier herrscht Frieden
ich versöhne mich
nicht
mit der kriegerischen Welt

Ich umarme
die friedliche Landschaft
die mich umarmt

Riviera II

Sein Nacken
braune Landschaft
Herbst

Der Schwan
bereitet schon vor
seinen Sang

an der Riviera
es lacht der Harlekin
hinter der Sonne

Eine Dame bestellt
bei Degas
ihr Porträt in Pastell
Sie tanzt im weißen Tüllrock
bis ins neunzehnte Jahrhundert

Während der Schwan
beginnt zu singen
und der Harlekin
Tränen lacht

Die Dolomiten

Unvorbereitet
vom Zufall geführt

Sommergäste
wir stellten den Strauß
auf den Stein
Wind verschlug uns die Rede

Gipfelbienen
fielen uns an
Begrüßung
aus Felskonsonanten
Distelgebrumm

Kein Dolmetsch nötig
wir liebten die
spitzen
gegensätzlichen
unnachgiebigen
Dolomiten

Berge

Bergriesen
im Morgengold
die Luft würzig und scharf
der Lago Maggiore
von Bäumen umsäumt
Windengel aufab
die Landschaft atmet
Menschen die
die Landschaft einatmen
Hinter dem höchsten Berg
wohnen Märchen

Lugano

Himmel
aus Wasser

Blaue Gesichter
mit Goldrand
Heiligenhäupter

Flüchtige Mittelalteraltäre
in den Sonnensog
gezogen

Gassengefälle

Inseln
aus dem Wasser geträumt

Berge kommen
entgegen

Hier
bist du
Mohammed

Jungfernjoch II

Aus Gewölk
wird Himmel

Die Jungfer
ins Joch gespannt
pflügt Schnee
im Eisfeld

Der Sonnenfürst
wetterwendisch
liebt sie zuweilen
gießt Goldsamen
in ihren
unfruchtbaren Schoß

Die Schweiz

Weißes Erinnern
Gipfel haben das Wort

Rosen
in den Schnee gepflanzt

Nichts erschüttert
die Alpen

Wenn ihre Zeit kommt
wird die Schweiz
in uns geboren
wir teilen die Sprachen ein
in Kantone
scheiden das Licht
von den Tunneln

Überm Himmel
fliegen wir Ski
landen im Schnee

Südlich wartet
ein wärmeres Land

Salzburg

Du fliegst über
tönende Berge
eine Lerche
im Augenflug

Raubvögel
ihre Schlagschatten
auf schönen Kulissen

Einst flogen hier
Geigen gen Himmel
pianissimo

Spring
über die Schatten
ins Mozartlicht

Köln

Im Zeiten-
Karussell

Rom am Dom

Ein paar Wendungen weiter
rasselt der Kommerz

Der Clown und sein
sakraler Karneval

In lautlosen Räumen
kühl aufbewahrt
der Name
der uns erschuf

Norwegische Seefahrt

Das norwegische Frachtschiff
trägt ein paar deutsche Passagiere

Auf allen Landeplätzen
riecht es nach Fisch

Stundenlang
die zackigen Lofoten

Blicke tauschen
mit Norwegern
die emsig arbeiten

Sie schweigen uns an
wir schweigen zurück

Israels Wüste

Über Israels Wüste
flieg ich nach Eilat
von violetten Bergen
im Goldsand begrüßt

Vergangne Hebräer
auf der Suche
nach einer Oase
mit Kokospalmen und Wasser

Der Brand des August
macht das Märchen
zur Qual

In einer Stunde
flieg ich durch Jahrhunderte
lande
am Silbergestade des Meers

Ich hole tief Atem
und preise die kühlende
Liebe der Luft

Du erfährst

Italiens Zypressen
neigen sich nicht
vor dem kälbernen Gott
die sieben Hügel
spiegeln sich in
Roms Fontänenaugen

Auf den St.-Chapelle-Scheiben
in Paris
halten die Heiligen
ihre Leiden aufrecht
im Scharlach und Indigo

Wenn die Nebelwand einstürzt
am Jungfraujoch
plötzlich geschieht die Schöpfung
Du erfährst das
Gipfelgeheimnis
Bergbruderschaft im Eis und
Schneeverschwisterung

Lorelei

Unter dem Rhein
singt die Lorelei

Fische
verschweigen das Lied

Ein hellhöriger Angler
fängt es heraus
schenkt es

uns allen

Am Rand II

Rom führt
zu allen Wegen
wir reisen am Rand
der Wege romwärts
anderwärts
reißt es uns hin
reisen wir hin und zurück
dem flüchtenden Bild
auf der Spur

Erde II

Grüne Kugel
schwarze Kugel
atmet

im Wasser
das kommt
aus sich
geht
in sich

als gäbe es
auf seinem Rücken
keine schwimmende Kugel
die atmet

als gäb es nicht
diese grüne schwarze Kugel
mit Augen Stimmen Blut

Landschaften

Als ich Landschaften sammelte
waren Berge
meine bevorzugten Freunde
Nie vergeß ich den
Heimatberg Raréu
die herrliche Gipfelschau
in die Tiefe

Dem Atlantischen Ozean
danke ich für die Lust
geschaukelt zu werden
und die Freude an seinen
tanzenden Wellengebirgen

Dankbar bin ich den Wäldern
in Wien und der Bukowina
ihrem singenden Laub und
den jubelnden Vögeln

Was war das Schönste
fragst du
Ich weiß nicht
will nicht vergleichen
Berge Wälder Meer
vollkommen
ein Märchen Wirklichkeit

Metropolis

Du hast die Stadt verschluckt
bist vollgefüllt
mit Stahl Stein und Rauch

Im Rücken die Höcker
der Wolkenkratzer

Du fährst in der Untergrundbahn
die Stadt in den Rippen
bist Mörtel geworden
Zement Glas und Lärm

Du weißt es
willst es nicht wissen
sonnst dich im Neon

Du Zementblock
Gashebel
du Robot
aus Eisen und Stein

Kimpolung im Schnee

Kreisschwarze Botschaft
der Raben

hier wohnt der Winter
hier wohnt Dea
der Berg

schläft schon im Schnee
träumt das Gipfelgeheimnis

Die besten Knochen dem Hund
wird sich hüten der Wolf
dir zu nahn

Wohin
in der himmelschwarzweißen
Nacht

wirbeln
Ballerinas
um dich einen
Kreidekreis

Heimat III

Heimatlosigkeit
dir fremde Heimat
bleibe ich treu

Stimmen
kommen geschrieben
umarmen die Erde
halten den Himmel
schenken mir
Frühling und Schnee

Aus meiner Heimatlosigkeit
komme ich
mit meinen Worten
zu dir
fremder Freund
streue Glanzlichter
über das Dunkel
unsre gemeinsame Heimat

Orte

Von Ort zu Ort
jeder
eine andere Fremde
ein anderes Zuhause

Manchmal
wörtliches Einverständnis
mit Unbekannten

Ein Wort
nimmt den Anderen
beim Wort

Deine Heimatstadt

Mit Wäldern und Bergen
befreundet

Den Meermärchen
lauschen

Heute
hier deine Wohnung
morgen dort
und wanderst schon weiter

Nur die Heimatstadt
dein nie verbrauchter Besitz
auch im
verwandelten Land

Keine Zeit II

Die Tanne im Nachbargarten
der leere Park
kahle Pappeln

Unwägbares
durchgeistert die Luft

In der Straße
hasten Menschen vorüber
ihre Schritte knirschen
keine Zeit
hupen eilige Wagen
keine Zeit

Keine Zeit für einen Blick
auf die Landschaft
keine Zeit für ein Lied
keine Zeit für Freude

Mittelpunkt II

Geh die Straße entlang
ohne Zeiger

biege links ab
dann rechts wieder rechts und links
geradeaus und so weiter
bis der Kreis dich erreicht
sein Mittelpunkt

Hier
fang an

1983

König Tag

König Tag
hat sein Tagwerk
getan
muß abdanken

Sei ihm nicht gram
weil er dich verläßt
du bist gut aufgehoben
bei Sternen und Mond

Morgen regiert
ein anderer König
mild oder streng

Sei ein treuer Untertan
nimm Lob und Tadel
du verdienst
beides

Nachtzauber

Der Mond errötet
Kühle durchweht die Nacht

Am Himmel
Zauberstrahlen aus Kristall

Ein Poem
besucht den Dichter

Ein stiller Gott
schenkt Schlaf
eine verirrte Lerche
singt im Traum
auch Fische singen mit
denn es ist Brauch
in solcher Nacht
Unmögliches zu tun

Noch

Noch eine Zeile
 ein Wort
 eine Silbe
 ein Buchstabe
 ein Punkt

Credo

Einen Drachen reiten
wenn der Fuß versagt

Die Sonne erobern
wenn das Auge erblindet

Bücher verbrennen
wenn die Sprache verstummt

Krieg säen
dem Krieg
Frieden ernten
für alle
und einen

Der Dichter

fügt wieder zusammen
das zerstückelte Lied

Von Splittern zerrissen
sein Wort
trägt fort der Blutstrom

treibt es
zum Herzen

Verwundet
kittet er
die zersprungene
Scheibe
Zeit

Acht Stunden

Oktopusarme
umklammern
deinen Tag

Er walzt deine Routine
er walzt dich
eindimensional

So sicher atmet nur Tod

Dann

Dann kamen
Wolken
verliebte Bilder im
Wasserspiegel

Dann
Wohnungen aus Sand
Grashalm
Wurm

Dann
Blume

Aster
und Kranz

Fortsetzung

Die wir uns
fortsetzen
durch Liebe

Wir geben uns hin
dem Tod
und nehmen uns
das Leben

vom Baum
der
Erkenntnis

Gib

Das Herz der Rose liebt
deinen Atem

Deine Seele liebt
ihren Atem

Gib
einen Strauß Atem
den Liebenden
einen Strauß Stunden
den Gehetzten

Einen Korb Brot
den Hungernden

Gras II

Dein Zipfelchen Zeit
hängt
an deinen Erfahrungen Fragen
Geständnissen

Unaufhörlich Gras
deine Gedanken hängen an dir

Überall
riecht Gras
nach vorüber

Isoliert

Isoliert
dem Fuchs verfallen
der Torso eines Urtiers
sperrt den Weg

Zerrspiegel
Affen
im giftgrünen Laub
greifen nach mir

Sappho
ich suche Schutz
bei deinem Mund
beschwichtige
Freundin
den besessenen Wald

Du schweigst
so sicher
atmet nur
Tod

A

Vom A zum B
ist ein endloser Weg
Zwischenraum Atome

Der Atem ein Zug
durch die Luft es geht
von Adam zu Ade

Äonenweg
letztes Alibi
Amen

Auch so etwas

Wir haben aufgehört
Zeichen zu deuten Zeichen
zu geben

Gebt mir ein Zeichen
wo Freunde sind
neue
denn die alten sind tot
oder sie atmen
unter einem fremden Stern

wo Bäume noch sprechen
und man Blumen liebt
auch so etwas soll
es noch geben
sagt der gelbe Stern

Der Morgen

Mit abertausend Gesichtern
Wolkenwangen
Sonnenaugen
Luftlippen
Windohren

staunt der Morgen
aufwärts
und
wir staunen mit ihm

Himmelsschrift

Weiß auf Blau
die Himmelsschrift

Wer liest
die Zeichen
wer weiß
die Zukunft

Leben oder
weltweiter Pilz

Das Erbe II

Es ist an der Zeit
das Erbe zu verteilen

nimm
den sterblichen
Apfel
und
das unsterbliche
Wort

Gedicht

Glorreiche Namen
deiner Schulpflicht

Hölderlin
auswendig die
Trakltrauer

Luftsaat
inwendig
aufgegangen

das
Gedicht

Die Pappel

Mit einer Pappel
als Feder
schreib ich die Zeile
eingewurzelter Stämme
auf meinen Augenweg

Er führt über Wurzeln
und Wortgeäst
zum schwarzen Punkt
in der Sonne

Der Himmel ist rot
in der Pappel gärt die
grüne Tinte

Der Garten

Der Garten
öffnet seine Rosen

Sie duften sich
Sonnenworte zu

Nur Liebespaare
fangen sie auf
und grüßen zurück
in der Rosensprache

Rosen antworten rot
mit herzlichem Duft

Duftworte
die sich liebkosen

Finden III

Ich finde
was ich nicht suchte

vereistes Lied

Ich nehme es
in den Mund
hauche es an

Es taut auf
und singt
mich
und
dich

Im Regen

Unter Kastanien im Park
sitz ich im Regen
er küßt die Blumen

Tanzt auf meinem Schirm
ich bleibe

Ich liebe die Kühle
des Sommers
den Kastanienschutz
die spielende Fontäne
des Regens Trauerlied

Sein Silberherz schlägt
an mein Herz

Erdverwurzelt

Der
dem Apfelbaum gleicht
erdverwurzelt
mit Gedankenstamm
und Wortlaub
Blüten aus dem Innern
ausstrahlt
seine Werke
verbotene Äpfel
zum Genuß

der mit Freude
seine Leiden trägt

wo ist er

Geweckt

Geweckt
aus
ehernem Schlaf

in der Glocke
die Stimme

Klöppel
und Klang

Besuch

Besuch aus verlorenen Jahren
mit dem Böhmenbuch

Junggefärbt Altes

Im Niemandsspiel
Schlafmärchen wecken

Aus Träumen
Wirklichkeit sammeln

Blinde Stunde
Ade

Es war einmal III

Ausgestorbene Wesen
Engel
luftäugig

Es war einmal
möglich
sie zu sehen
Wolkenflügel am Firmament

Luftfinger
die streuten
Worte

Es war einmal
richtig
sie aufzufangen
nachzusprechen

Es war einmal

Heller

Nur der Schatten
blieb
als das Licht
verloren ging

Im Dunkel
träumt es sich
heller

Feiertage

Ich krieche
zwischen Gebeten
zu den Toten

und schwöre
ihr lebt

und schwöre ab
dem Meineid

Wer hat
meine Festtage
Freudentage
meine schönen Feiertage
begraben

Die Zeit III

Mit zahllosen Händen
greift die Zeit
nach dem
Geflimmer aus
Blumen und Tropfen
nach Hitze und Eis
nach Menschen
auf der Flucht
vor dem Nichts

In alle Winde

Einst war ich
Scheherezade
rettete mein Leben
mit klugen Worten

Heute
richte ich meine Worte
an keinen Kalifen
ich vertraue sie
meinem Spiegel an
er strahlt sie
in alle Winde

Jungfernjoch III

Gletscher
die blaue Himmelshöhle

Im erstarrten Atlasgewand
die Eisbraut
ihre Schneeschenkel
sternblühend
erfroren
im Akt

Jenes Land

Aus Blumen
Schnee und Gefahr
jenes Land

Feinde die auch
Freunde sind

Kein Unterschied
zwischen dir und mir

in jenem Land

Hitzewelle

Todfeindin Sonne
im Hochdruck
ihr Atem aus Flammen
versengt unsern Atem
wir liegen im Goldofen
werden geröstet
vergessen
wer sind wir
wer hat
das letzte Wort
im Gespräch
mit der Glut

Innengeburt

Unser tägliches Brot
Honig und Milch
Wein und Gebet

Wir Erdenkinder
lieben
alles Leibliche

und die
innengeborene
Sprache

Im Garten

Im Garten
atmet die Zeit
freier

Ich atme ein
ihren Duft

Er atmet
mich aus

Handfläche

Ich schreibe
auf meine Handfläche
Lichtlinien
Schattenlinien

Liebeslinie Lebenslinie
ein Kreuz
viele Striche
kreuz
quer

den Buchstaben A
unvollendet

Fortschritt II

Wörter
vom Computer verschlungen

Er dichtet für dich
Variationen
aus Rosen und Unrat
haschischgesalbte
Dreieckgesichter

In Streifen geschnitten
du fällst ins Kaleidoskop

Blumen Maschinen Menschen
ein unaufhaltsamer Brei

Großgmain

Großgmain
schönes Baumgmain
geistgrün
dem Berggeist
ergeben

Auf welchem
der verketteten Berge
haust er
schneewittchenweiß

Identität

Menschen haben mir
mein Ich verboten

Sie wissen nicht
daß ich auch
Baum bin Vogel Stern

und Architekt
der Märchen baut

die sie nicht sehen
obwohl sie
bis in den Himmel reichen

Ja Nein

Am Anfang
ohne Ende
das Wort

Einverstanden sein
und rebellieren

Nicht Wald
Nicht Vogel
Nicht Stern

Tausendverneiner
die Erde
bejaht dich

1984

Landstraße

Auf der Landstraße
treffen wir uns
Weggefährten

Auf der Landstraße
westlich östlich
im Süden und Norden

Überall
wo ihr wohnt
läuft die Landstraße
an meiner Haustür
vorüber

Lieder

Um vier Uhr morgens
singen Vögel im Fenster

Während Menschen
Kriege gewinnen verlieren
schaukelt unsere Erde
Lieder aus Freude
und Angst

Kreislauf III

Wo bin ich
wo bist du
wo seid ihr

Hier
ist auch
dort

wir kreisen ja

1985

Ich zähl die Sterne meiner Worte

Wann II

Ich hole die Kastanien
aus dem Feuer

Es ist ein kalter Tag

Ich bin mit meinem Gefühl
immer bei dir

Wann werde ich wieder
Gedichte schreiben

wie einst

Verlobt

Ich bin
mit meinem Wort
verlobt

Vergiß nicht

Laß mich nicht allein
Meine Sorgen
sind mein Alphabet
Es hungert mich
Wenn ich dich habe
bin ich satt
Vergiß nicht
eine Flasche Sekt
zu bestellen
Wir brauchen
den Höhenrausch

Tage

Die Tage sind ein Gewächs
das nicht stirbt
Einer kommt einer geht
wie es die Jahreszeit will
Mein Herz ist streng
und ohne Aufenthalt

Komm in mein Nest
wo die Nacht blüht

Zu schön

Auf Seite 117
lese ich
was nicht geschrieben steht
Eine goldne Torte
erwartet mich
ich werde sie nicht essen
sie ist zu schön

Heimatlos

Mit meinem Seidenkoffer
reise ich in die Welt
Ein Land nüchtern
eines toll
Die Wahl fällt mir schwer

ich bleibe heimatlos

Einverstanden II

Mein Freund und ich
sind einverstanden
Wir fahren nach Italien
Venedig ist
die schönste Stadt der Welt
Da sind wir daheim
Über Brücken gehn
unsere Herzen spazieren
Die Leute lächeln

sie sind einverstanden

Trost III

Einst hat der
Aussätzige geklappert
Heute
ist der König
ohne Heim
Er kommt zu mir
und weint
Ich tröste ihn
mit einem Lied

Idee

Ich glaube

Liebe deinen Nächsten
wie dich
selbst

Glaube ich

Erbarme dich
Herr
meiner Leere

Schenk mir
das Wort
das eine Welt
erschafft

Wenn du
nicht da bist
ist alles blind

Ich sehe
diese Blindheit
mit nackten Augen

Meine Ahnen
waren unbescholten

Ich habe den Tau
ihrer Tränen
geerbt

Mai
mein Monat
du streust
den weißen
Blütenschnee
mir in den Nacken
Er brennt

Laß mich
dir entgegenblühn
Schönheit

Es heißt
blühn und
sterben

In meiner
Traumorchidee
spüre ich
die Kraft
meiner Lieder
die Jahre wachsen

In einer
Festung aus Büchern
erscheinst du mir
ohne Gnade
ein fremder Prinz
der nicht
lesen kann

Im Umkreis
meiner Liebe
zum All
bete ich

Ich gehe auf
und unter
im Gebet

Im seidigen
Maigrün
einer Frühlingsnacht
bin ich
geboren
erzählte mir
meine Mutter

Der Frühling ist
mein liebstes Alphabet

Im Himmel
wo die Welten
blühn
hab ich
mein Wort
entdeckt

Es sagt
ja und nein

Ich habe
dich geliebt
bis ins letzte
Jahrhundert
sagt
das Maiglöckchen
und gibt mir
sein Gift

Ich sterbe nicht

Ich bin ein Baum
und atme mein
flüsterndes Laub

Vom Himmel
kommt ein Engel
und küßt
meine Wurzeln

Du herrliches
Paris
ich umschlinge
deinen Schritt

Du bist
unwiderstehlich
Wahrheit

Ich erkenne dich
und nenne dich
Glück

Die Erde
gibt mir
ein geheimes Zeichen
und sagt ade

Ich antworte
auf Wiedersehen

Die bunte Rosette
von Chartres

Der Schönheit
ins Auge schauen

Deutlich leuchten
die Augen der Nacht

Eine gelbe Scheibe
blüht im Blick

Die große Fremdheit
in der eigenen Haut

Bleib
deinem Wort
treu

Es wird
dich nicht
verlassen

Vergiß mich nicht
ich bin
dein ewiger Freund

Gib mir die Hand
so halte ich
das Leben

Sieh
die spiegelglatte Ebene
aus dem Bilderbuch

Da
ruhst du aus

Laß mich
nicht allein

Du bist
mein Traumgefährte
auf dem Weg
ins offene Leid

Komm
einen Atemzug näher
ans Licht
Schwester

Sei kühn
und unnahbar

Kennst du
den Zauber
dieser offenen Zeit
Wer hungert
der wird
glaub es mir
gesättigt werden

Immer warte ich
auf Wunder
die kommen müssen
wenn sich
Musik erfüllt
zur Zeit
der nackten Blüte

Im Märchenland
blüht die Poesie
Ich suche sie
am Traumpfad
der mich führt

Ich verzichte
auf den Glanz

Er hat mich
nicht getröstet
als du
von mir gingst

Ich spüre
den klaren Zug
deiner Gegenwart

Du bist
ein Genie
gehst voller Andacht
deinen strengen Weg

Ich lege dich
an meine Stirn
Substanz des Lebens

Du bist
das Allbewußte
das die Welten
baut

Ich bin der Sand
im Stundenglas
und rinne
ins Tal der Zeit
die mich umarmt

Hörst du
die Flöte

Sie spricht
eine helle Sprache
das schöne Naß
einer Melodie

lauschen heißt
beten

Erscheine
Kern der Wahrheit

Ich liebe
dein herrliches Gesicht

Erhöre meine Bitte
Herr
schenk mir
den Schlaf
und einen Wundertraum

Eintreten
in das Doppelgesicht
aus Stoff und Geist

Da ist kein Anfang
und kein Ende

Ein Lied
erfinden
heißt
geboren werden
und tapfer singen
von Geburt zu Geburt

Du wanderst
in der schwarzen Stadt
mit wunden Füßen

An der Hüfte
rührt der Tod
dich an

Diese Blume
ist augenschön

ich weiß nicht
ihren Namen
nur den Duft
der mich erquickt

Die Insel schwimmt
an meine Brust

Ich streichle
goldene Bäume

Die Harfe
ist mein Instrument

Ich spiele
das Lebenslied

Dein Herz
ist echt
du meine Sonnenuhr

Nimm mich
ins laute Schweigen

Aus dem Lichtquell
eines großen Augenblicks
Gedichte schöpfen

Das Erz
spüren
das im Herzen pocht

Vom Gipfel
sehe ich
das Tal meiner Sehnsucht
nach neuen Worten
die den Gott erschaffen

Vergiß
daß wir uns liebten
als wir Kinder waren

Heute sind wir
aufgeblühte Nelken
rot und weiß

Ich widme mich
dem Feuer dieser Tage

Es gibt mir
seinen lauten Glanz

Ich bin
die Königin der Nacht

Am Tag schlafe ich
und singe meinen Traum

Das Reh im Wald
ist meine Schwester

Ich folge seiner Spur
bis an den Abgrund
der mich lockt

Sonnenblume

Gelb
leuchtet mir
die Sonnenblume

Sie sagt
ich hab
ein rundes Herz
voll süßer Kerne
und einen
grünen Blätterleib

Öffne die Stäbe
damit der goldne Himmelskörper
hereinwinkt

Da trinke ich
das Licht
in vollen Zügen

Ich hab
ein Wort gefunden
das nicht weint

Die andern trauern
um den Verlust
der Heimat

Wer bin ich
wenn die Wolken weinen:
ein fremder Gast
an fremdem Strand
Ich warte bis
die Sonne wieder
mich liebt
mit goldenem Verstand

Schlafen Sie gut
sagt mir die Schwester
doch ich kann nicht

die goldnen Lippen
dieser Sonnenblume
trösten mich:
träum dich
gesund

Ich suche Gott
und finde ihn
in einer Blume
die nicht welkt

Sie sagt
die Zeit hat mir befohlen
dir gut zu sein
ich sage
Amen

Ich sehne mich
nach Licht und Liebe
doch niemand kommt
ich bin allein

Mein Schöpfer sagt
bald wirst du fliegen
und einen nackten
Engel sehn

Ich möchte reden
doch ich kann nicht
ein schwarzer Engel
hält mich fest

es heißt nun
immer tiefer schweigen
bis in den letzten
Erdenrest

Ich bin
im innern Rom
geboren
wo tausend nackte
Säulen stehen

Ich kann das Wunder
nicht vergessen
das sich mir wieder
offenbart

Gott
Schöpfer aller Dinge
Du bist nicht
gut
Du bist nicht
schlecht
Du bist

Du gabst mir
Kraft zu leben
nicht genug
zu leben
ewiglich
Gott

Der Regen
klopft
an meine Tür
wie eine strenge
Vaterhand

dann schlägt der Blitz
in meine Augen
und segnet mich
mit lautem Mund

Bald
kommt die Freundin
aus der Ferne
mit einem stillen
Blumenkuß

Ich liebe
ihre schönen Worte
wie einen
Himmelsgruß

Aus einem heißen Schlaf
bin ich erwacht

Ich zähl die Sterne
meiner Worte
und widme mich
der Nacht

Als auf den Fensterscheiben
die Blumen blühten
kochte die Mutter
Es gab Kälte und Wärme
auch Honig in klarem Kristall

Wir lachten uns alle
ins Fäustchen
Kam der Fuchs
und stahl Kälte und Wärme
und Honig in klarem Kristall

Das Lachen blieb
im Fäustchen
Angst und salzige Tränen
füllten die Augen

Als ich in Constanza war
sammelte ich das Licht

Die Stadt war eine Legende
aus Schilda und tausend und einer Nacht

Elstern stahlen mein Licht
Raben wurde es Fraß

Die Stadt war eine Legende
versunken in endloser Nacht

Ich geh
mit meinen fremden Füßen
in eine leere Schlucht
wo über uns
die Sterne schwimmen
im mütterlichen Meer
wo vor uns
Dämme brechen
und unsere Ziele
untergehn

Florenz
wunderbare Stadt
Museen
und Michelangelo

Ich werde diese Pracht
nur wiedersehn
im Traum
bald ist es
mit mir zu Ende

Ich will
noch einmal
in Venedig sein
mich
im Glasspiel
seiner Wasser
spiegeln

Mein Heim
ein herrlicher Palast
wie im Traum
leuchten Kanäle

Verehrter Gott
Gib mir ein Zeichen
daß gar nichts
ohne dich geschieht

Ich möchte
einem Sternbild gleichen
das sanft
mir leuchtet
wie ein Lied

Nachwort

»A rose is a rose, is a rose, is a rose« – Verzeihung, Frau Ausländer, gemeint sind nicht Sie, nicht der Name, den Sie erfolgreich getragen haben. Gemeint ist – im Sinne Ihrer großen Kollegin, die das schrieb – etwas anderes: die immer wieder erstaunliche Eigenschaft der Dinge und Wesen, sich erkennen und wiederfinden zu lassen. Genauer: unser beglückendes Vermögen, dem zu entsprechen. Mitten im Trubel, im Blindekuh-Spiel: die Rose, eine Rose, *diese* Rose.

Ähnliches auszukosten ermutigt uns Rosalie Beatrice (Ruth) Scherzer, die als Dichterin bekannt wurde unter dem Namen Rose Ausländer. Ein Name, so schön wie risikoreich. Aber die Autorin aus der Bukowina zeigte sich ihm gewachsen, und es gelang ihr, diesen Namen in verhältnismäßig weiten Kreisen beliebt zu machen. Selten haben Dichter unseres Sprachraums, in dieser Zeit, so viel Zuspruch erfahren, so viele Dankesbriefe von ihren Lesern erhalten wie Rose Ausländer. Vielleicht erklärt sich das dadurch, daß ihre Texte zugänglicher waren als die anderer Autoren, bei vergleichbarem Rang und entsprechender Modernität: In einer dem Rhythmus innerer Bewegtheit folgenden Sprache läßt uns Rose Ausländer an den Erträgen ihrer intelligiblen und gefühlsmäßigen Aufmerksamkeit teilhaben, *berichtet* sie, was sie denkt, sieht, erinnert. Das ist meistens schon an sich interessant, oft eindrucksvoll durch Schönheit und Lebensnähe und im Fall glücklichen Gelingens überhöht durch die Symbolkraft faszinierender Bilder. So zum Beispiel auch in diesem Band, dem zwölften der Taschenbuchausgabe, in einem Gedicht, das *Der Morgen* überschrieben ist: »Mit abertausend Gesichtern/ Wolkenwangen/ Sonnenaugen/ Luftlippen/ Windohren//staunt der Morgen/ aufwärts/ und/ wir staunen mit ihm«.

Diese Verse haben keine Alibifunktion. Und dennoch:

Die Tatsache, daß ein achtzigjähriger, seiner Bewegungsfreiheit beraubter Mensch den Witz und die Weltliebe aufbringt, die darin zum Ausdruck kommen, imponiert und wirkt ermutigend. Nicht wegen der Imperativform, die bei Rose Ausländer auch vorkommt (»Wirf deine Angst/ in die Luft...«), sondern subtiler, weitreichender: Daß es überhaupt möglich ist, noch in den Jahren des rapiden Verfalls der physischen Kräfte – wenn auch eingeschränkt – zu bleiben, der man war, das ist durchaus auch ein ästhetisches Problem.

Eigentlich ist dies das Thema des ganzen Bandes, der Texte enthält, die Rose Ausländer schrieb, oder zumindest arrangierte, als sie schon im neunten Lebensjahrzehnt stand, krank und bettlägerig war. Aber wir wollen diesen Aspekt noch gerne hinausschieben, die Chimäre des wolkenwangigen Morgens gestattet uns andere Töne.

Rose Ausländer war ein tapferes, in höchster Not und Bedrängnis immer noch menschengläubiges und naturverbundenes Kind der Aufklärung. Und sie scheint in entscheidenden Augenblicken einen starken, klugen Schutzengel zur Seite gehabt zu haben. Der trat nicht etwa erst Ende der fünfziger Jahre auf den Plan, als Paul Celan der fast zwei Jahrzehnte älteren Landsmännin und Kollegin Mut machte, der eigenen Begabung zu vertrauen, und ihr half, aus der Eierschale abgelebter Formen auszuschlüpfen, nein, er – der Engel – muß schon viel früher zur Stelle gewesen sein, schon damals, als die neunzehnjährige Studentin der Czernowitzer Philosophischen Fakultät ihren lebhaften Intellekt mit ganzer Leidenschaft auf Plato und Spinoza warf. Besseres konnte ihr nicht widerfahren: Durch die Luft der liebenswürdigen Provinzmetropole schwirrten in jenen Jahren so viele Töne, daß es ein Glück war, die Schönheit der Strenge früh erfahren zu haben.

In ihrem Referat über Platos *Phaidros* (1920) findet Rosalie Scherzer zu einer erstaunlich genauen und lebhaften Ausdrucksweise, ja zu einem nuancenreichen, suggestiven Stil in der Wiedergabe und Beurteilung gedanklicher Zusam-

menhänge. Sie vertritt ihre Ansichten dezidiert, versteht es, die Aussagen zu steigern und zu pointieren, und verliert dabei nicht die unerläßliche Argumentation aus den Augen. Ihrer lyrischen Produktion sollte es noch über Jahre an einer entsprechenden Sicherheit mangeln.
Wie auch Margul Sperber, Celan, Weissglas oder Alfred Kittner hatte Rose Ausländer komplexe und enge Bindungen zu anderen Literaturen. Während aber die übrigen hier Genannten gute Kenner des rumänischen Kulturlebens waren, Freunde unter den rumänischen Dichtern hatten und aus dem Rumänischen übersetzten (Weissglas wurde sogar in umgekehrter Richtung aktiv und übertrug Goethes *Faust* ins Rumänische), wurde für Rose Ausländer das Englische, wurden ihr die angelsächsischen Literaturen zur zweiten Sprachheimat. So war sie die weitaus »westlichste« in der Reihe der Autoren, die aus Czernowitz stammten: Ihre Dichtung ist davon geprägt.
Zwei Jahrzehnte lebte sie in der Bukowina – also zunächst in Österreich, dann, ab 1919, in Rumänien –, das waren Kindheit und frühe Jugend. Dann folgten etwa zehn Jahre USA und wieder, für fast anderthalb Jahrzehnte, Europa, das heißt Czernowitz und Bukarest, inbegriffen die Zeit zwischen 1941 und 1944 mit Ghetto, Zwangsarbeit und ständiger Deportationsgefahr, vorher und nachher je ein Jahr unter sowjetischer Besatzung. Daraufhin verbrachte sie wieder mehr als 15 Jahre in Amerika, bevor sie den Versuch unternahm, erneut in Europa Fuß zu fassen, und schließlich, in den letzten 23 Jahren des Lebens, in Westdeutschland ein Zuhause fand. In all der Zeit: mehrmals Flucht. Für immer war sie gezeichnet durch das, was vorher unvorstellbar gewesen war, die staatlich organisierte Judenvernichtung. Viel Arbeit um des Überlebens willen, in verschiedenen Berufen. Schreiben. Schließlich die Reisen, die sie immer wieder in vollen Zügen genoß – erinnert, gefeiert und bebildert in Gedichten.
Sollten wir da Rose Ausländer überhaupt eine Bukowiner Autorin nennen? Natürlich nicht, wenngleich sie alles in

allem eine längere Zeit in ihrer Heimat gelebt hat als Paul Celan und ihr Dichten lebenslang immer wieder um die »urliebe Stadt« Czernowitz kreist, um den »grünen Walddiamant« Bukowina, um den »zarten und derben Viersprachenklang« der Heimat. Um Bilder von magischer Ausstrahlungskraft wie die im Gedicht *Kimpolung im Schnee*. Diesen Spuren nachgehend, bekommt man so etwas wie einen roten Faden in die Hand, der zurückführt zu Lebenswichtigem.

Zur Herkunft der Dichterin, zu den überkommenen Familientraditionen, zu allem, was im Holocaust unterging. »Ich krieche/ zwischen Gebeten/ zu den Toten//und schwöre/ ihr lebt...« Zu den frühen Bildungserlebnissen, die mehr waren als das, was später kam; zum Credo, das sich für die junge Frau daraus ergab und das sich bezeichnenderweise auch hier noch, zwischen den Texten der Dreiundachtzigjährigen, unter dem Titel *Idee* wiederfindet: »Ich glaube//Liebe deinen Nächsten/ wie dich/ selbst//Glaube ich«. Schließlich zur »Innengeburt« der Sprache. »Worte sind der Seele Bild –/ Nicht ein Bild! sie sind ein Schatten...«, so Goethe. Oder Ingeborg Bachmann: »...Ich mit der deutschen Sprache/ dieser Wolke um mich/ die ich halte als Haus...« Und Celan spricht von »Schwimmhäuten zwischen den Worten« und ihrem »Leuchtschopf Bedeutung«. Wo sie sich in eigenster Sache äußern, überraschen uns die Dichter immer wieder mit Gedanken und Bildern, die wir als so unmittelbar »wahr« empfinden, daß sie sich uns unvergeßlich einprägen. Mit ihrem Gedicht *Innengeburt* gehört Rose Ausländer in diese Reihe: »Unser tägliches Brot/ Honig und Milch/ Wein und Gebet// Wir Erdenkinder/ lieben/ alles Leibliche// und die/ innengeborene/ Sprache«. Souverän, strahlend jung noch am Ende des zwanzigsten Jahrhunderts, kommt hier Spinozas seinerzeit ketzerischer Glaube an die Einheit der Substanz ins Spiel. Unostentativ, verschlungen vom Gedicht – das glückt nicht immer so, wenn Rose Ausländer philosophiert.

»Zwischen 17 und 83 liegen die Meilensteine meines Dichterlebens«, schrieb die Autorin 1984, als ihr der Literaturpreis der Bayerischen Akademie der Schönen Künste zuerkannt worden war. In der Verleihungsurkunde der Jury hieß es unter anderem: »...Das Vaterland wurde Rose Ausländer früh genommen, sie aber lebt in ihrem ›Mutterland‹, dem Welten erschaffenden Wort«. Eine etwas gespreizte Formulierung, wie sie von einer Akademie der Schönen Künste vielleicht nicht anders zu erwarten ist, aber inhaltlich stimmt das schon. Man muß ja nicht unbedingt von Vater- und Mutterländern reden, aber Rose Ausländer war in die Bundesrepublik gekommen, weil sie im täglichen Umgang mit *ihrer*, unserer Sprache leben wollte. »Versöhnlich/ mein Gettoherz/ will sich verwandeln/ in eine hellere Kraft«, schrieb Rose Ausländer vor fast drei Jahrzehnten.

Was haben wir, heute, angesichts dessen, was man beschönigend einen »Rechtsruck unserer Gesellschaft« nennt, dazu zu sagen? Was könnte uns schmerzlicher treffen, tiefer beschämen als ein Blick in die Runde, eingedenk jener »helleren Kraft«, die Rose Ausländer tatsächlich nach Deutschland mitgebracht hat, durch ihre Lebensfreude, ihren Idealismus, ihre Kunst? Gerade jetzt, im Januar 1994, stehen, unweit vom letzten Domizil der Dichterin, drei Männer vor Gericht, die einen Menschen erschlagen und *angezündet* haben, weil sie ihn für einen Juden hielten. Und in der Zeitung wird in einem Ton darüber berichtet, der einem gewöhnlichen Raubüberfall angemessen wäre.

Im letzten Jahrzehnt ihres Lebens konnte Rose Ausländer ihr Krankenzimmer im Nelly-Sachs-Haus, dem Altersheim der Jüdischen Gemeinde in Düsseldorf, nicht mehr verlassen. Sie mußte, wollte sie die bleiben, die sie gewesen war, die Welt, so gut es ging, zu sich hereinholen. Wir finden ihr Bemühen darum in diesem Band wieder: erinnerte Städte und Länder, New York, die Heimat, Venedig.

Um Versinkendes noch halten zu können, braucht man Gegenwart. »Oktopusarme umklammern« ihre Stunden, und doch spricht sie zum »König Tag«, zur »grünen schwarzen Kugel Erde/ mit Augen Stimmen Blut«; sie preist den Sonnenschein und die Nacht und immer wieder den Regen, die Luft, sie wiederholt Worte, die man zu ihr spricht. »Ein Lied/ erfinden/ heißt/ geboren werden...« Nicht immer gelingt es, aber sie ringt darum.
Und siegt: »Du bist/ unwiderstehlich/ Wahrheit//Ich erkenne dich/ und nenne dich/ Glück«. Man sollte das zarte Gebilde so lesen, wie sein Rhythmus fließt: »erkennen« und »Wahrheit« – das sind hier keine schweren metaphysischen Brocken, die sich dunkel verhüllen, sondern Requisiten des Spiels, in dem es um begegnen und wiederfinden geht, um kennen und Namen geben. »Die Rose, eine Rose...«

Elisabeth Axmann

Editorische Notiz

1982 erschien in einer kleinen bibliophilen Auflage der Band *Südlich wartet ein wärmeres Land* in der Pfaffenweiler Presse, ein erster Versuch, die Lebensreise Rose Ausländers in Gedichten nachzuvollziehen. Diese Gedichte wurden 1985 auch in das Buch *Festtag in Manhattan*, Pfaffenweiler Presse, aufgenommen. In der Gesamtwerksausgabe des S. Fischer Verlages sind sie im Band 6, *Wieder ein Tag aus Glut und Wind*, 1986, berücksichtigt.
So sicher atmet nur Tod ist der Titel eines bibliophilen Bandes, der 1983 in der Pfaffenweiler Presse erschien. Diese Gedichte finden sich in der Gesamtwerksausgabe im Band 7, *Und preise die kühlende / Liebe der Luft*, 1988.
Die Gedichte aus beiden Büchern fanden Aufnahme in das Fischer Taschenbuch *Einst war ich Scheherezade*, 1988, in welchem alle in bibliophilen Bänden erschienenen Gedichte der Rose Ausländer gesammelt sind.
Die reichhaltigen Publikationen der Jahre 1981 bis 1983 verdeckten ganz, daß Rose Ausländer von Anfang 1981 fast drei Jahre lang – bedingt durch eine rapide Verschlechterung ihres Gesundheitszustandes – nicht mehr schreiben konnte. Erst ab Mitte 1983 fand sie wieder Kraft zu schreiben. Vorsichtig, als mißtraue sie den eigenen Fähigkeiten und Möglichkeiten, begann sie erste Gedichte, Entwürfe, Versuche zu diktieren. Tastend und suchend fand sie schließlich zurück in ihre Welt der Poesie.
Das Wiedererwachen ihres Schreibtriebes ist dokumentiert in dem Taschenbuch *Ich zähl die Sterne meiner Worte*, welches 1985 als Originalausgabe im Fischer Taschenbuch Verlag erschien und die Gedichte von 1983 vorstellt. Auch diese Gedichte wurden aufgenommen in den siebten Band des Gesamtwerkes *Und preise die kühlende / Liebe der Luft*.

Helmut Braun
Lanzarote, November 1992

Zeittafel

1901	Rosalie Beatrice »Ruth« Scherzer wird am 11. Mai in Czernowitz/Bukowina (Österreich) geboren.
1907–1919	Schulbesuch Volksschule, Lyzeum Czernowitz und Wien.
1916–1918	Kriegsbedingter Aufenthalt in Wien.
1919	Matura in Czernowitz Seit 1919 intensive Beschäftigung mit der Philosophie (Platon, Spinoza, Constantin Brunner). Mitglied im Ethischen Seminar in Czernowitz.
1919/1920	Studium der Literatur und der Philosophie an der Universität Czernowitz.
1920	Der Vater stirbt.
1921	Im April Auswanderung in die USA zusammen mit Ignaz Ausländer.
1921/1922	Aufenthalt in Minneapolis/St. Paul und Winona. Hilfsredakteurin bei der Zeitschrift *Westlicher Herold* und Redakteurin der Kalenderanthologie *America Herold* (bis 1927). Hier publiziert sie ihre ersten Gedichte.
1922	Ende des Jahres Übersiedlung nach New York.
1923	Bankangestellte. Am 19. Oktober Heirat mit Ignaz Ausländer.
1926	Erhalt der Staatsbürgerschaft der USA. Gründungsmitglied des Constantin-Brunner-Kreises in New York.
Ende 1926	Trennung von Ignaz Ausländer.
1927	Einmonatiger Besuch bei Constantin Brunner in Berlin.

1928	Pflege der erkrankten Mutter in Czernowitz. Danach Rückreise nach New York.
1930	Am 8. Mai Scheidung von Ignaz Ausländer.
1931	Anfang des Jahres Rückkehr nach Czernowitz (Rumänien) zusammen mit dem Graphologen Helios Hecht, mit dem sie in den Folgejahren zusammenlebt.
1931–1936	Gedichtpublikationen in Zeitungen, Zeitschriften, Anthologien, journalistische Tätigkeit, Übersetzungen, gibt Englisch-Unterricht.
1934	Aberkennung der amerikanischen Staatsbürgerschaft wegen dreijähriger Abwesenheit aus den USA.
1936	Trennung von Helios Hecht. In den Folgejahren überwiegender Aufenthalt in Bukarest. Arbeitet in einer chemischen Fabrik.
1939	Reisen nach Paris und New York. *Der Regenbogen*. Rose Ausländers erste Buchpublikation, erscheint in Czernowitz.
1941–1944	SS-Truppen besetzen Czernowitz. Rose Ausländer wird im Getto der Stadt gefangengesetzt und darf nach Auflösung des Gettos die Stadt nicht verlassen. Zwangsarbeit, Todesnot, Kellerversteck. Sie lernt Paul Celan (Paul Antschel) kennen.
Frühjahr 1944	Im Frühjahr besetzen russische Truppen die Bukowina. Die jüdische Bevölkerung wird befreit. Rose Ausländer arbeitet in der Stadtbibliothek von Czernowitz.
1945	Im Dezember Ausreiseantrag nach Rumänien.
1946	Im August Ankunft in Bukarest.

	Im September über Marseille Ausreise nach New York.
1947	Die Mutter stirbt in Satu Mare, Rumänien.
bis 1961	Arbeit als Fremdsprachenkorrespondentin bei der Spedition Freedman & Slater, New York.
1949–1956	Rose Ausländer schreibt ihre Gedichte ausschließlich in englischer Sprache.
1957	Von Mai bis November Europareise, zeitweise mit Miriam Grossberg. Drei Treffen mit Paul Celan. Reisestationen: Rotterdam, Paris (und Frankreich), Italien, Griechenland, Spanien, Norwegen, Wien (und Österreich), Schweiz, Paris, Amsterdam.
1961	Am 8. Dezember endet krankheitsbedingt die Tätigkeit bei Freedman & Slater.
1963	Im Mai Reise nach Wien, wo der Bruder und dessen Familie aus Rumänien kommend im Flüchtlingslager eingetroffen sind.
1964	Vierwöchiger Aufenthalt in Israel. Kurze Rückkehr nach New York zur Vorbereitung der endgültigen Übersiedlung nach Wien.
1965	Übersiedlung in die BRD, nach Düsseldorf. *Blinder Sommer*, Rose Ausländers erste Buchpublikation seit 1939, erscheint in Wien.
1966	Rente und Entschädigung als Verfolgte des Naziregimes.
bis 1971	Zeit des Reisens in Europa. 1968 letztmalig für sechs Monate in den USA.
1966	Silberner Heine-Taler des Verlages Hoffmann und Campe, Hamburg.

1967	Droste-Preis der Stadt Meersburg.
	36 Gerechte
1972	Endgültiger Einzug ins Nelly-Sachs-Haus, das Elternhaus der jüdischen Gemeinde in Düsseldorf.
	Inventar
1974	*Ohne Visum*
1975	*Andere Zeichen*
1976	*Gesammelte Gedichte*
	Mit diesem Band beginnt die Zusammenarbeit mit dem Literarischen Verlag Braun, Köln.
	Noch ist Raum
1977	Ida-Dehmel-Preis der GEDOK
	Gryphius-Preis
	Letzte öffentliche Lesung anläßlich der Preisverleihung.
	Zur Eröffnung der Ausstellung »Rose Ausländer« im Heinrich-Heine-Institut, Düsseldorf verläßt die Autorin letztmalig das Nelly-Sachs-Haus.
	Doppelspiel
	Selected Poems (London, erste Auslandsausgabe)
1978–1988	Bettlägerig.
1978	Ehrengabe des BDI.
	Aschensommer (erstes Taschenbuch)
	Mutterland
	Es bleibt noch viel zu sagen
1979	*Ein Stück weiter*
1980	Roswitha-Medaille der Stadt Bad Gandersheim.
	Die Zusammenarbeit mit dem S. Fischer Verlag, Frankfurt am Main, beginnt.
	Einverständnis
1981	*Mein Atem heißt jetzt*
	Im Atemhaus wohnen

	Einen Drachen reiten
1982	*Mein Venedig versinkt nicht*
	Südlich wartet ein wärmeres Land
1983	*So sicher atmet nur Tod*
1984	Literaturpreis der Bayerischen Akademie der schönen Künste.

Die Herausgabe der *Gesammelten Werke* (GW) im S. Fischer Verlag beginnt.

Hügel / aus Äther / unwiderruflich (GW Band 3)

Im Aschenregen / die Spur deines Namens (GW Band 4)

Ich höre das Herz / des Oleanders (GW Band 5)

1985 *Die Sichel mäht die / Zeit zu Heu* (GW Band 2)

Die Erde war / ein atlasweißes Feld (GW Band 1)

Ich zähl / die Sterne meiner Worte

1986 Literaturpreis des Verbandes der Evangelischen Büchereien für *Mein Atem heißt jetzt*.

Wieder ein Tag / aus Glut und Wind (GW Band 6)

1987 *Ich spiele noch*

Der Traum / hat offene Augen

1988 Am 3. Januar stirbt Rose Ausländer in Düsseldorf im Nelly-Sachs-Haus. Sie wird auf dem jüdischen Friedhof im Nordfriedhof in Düsseldorf beerdigt.

Und preise die kühlende / Liebe der Luft (GW Band 7)

1990 *Jeder Tropfen / ein Tag* (GW Band 8)

Mit diesem Band liegt das Gesamtwerk Rose Ausländers vollständig vor.

Alphabetisches Verzeichnis nach Gedichttiteln

Acht Stunden 58
Akropolis II (Spürst du / die Eindringlichkeit) 23
Als auf den Fensterscheiben / die Blumen blühten 172
Als ich in Constanza war 173
An Rand II (Rom führt / zu allen Wegen) 40
Andalusien 22
Auch so etwas 67
Aus dem Lichtquell / eines großen Augenblicks 153
Aus einem heißen Schlaf / bin ich erwacht 171

Bald / kommt die Freundin 170
Berge 30
Besuch 78
Bleib / deinem Wort / treu 131
Bukowina IV (Grüner Walddiamant) 11

Central Park im August 15
Credo 56
Czernowitz II (Silberne Pruthsprache) 10
Czernowitz vor dem Zweiten Weltkrieg 12

Dann 61
Das Erbe II (Es ist an der Zeit / das Erbe zu verteilen) 70
Das Reh im Wald / ist meine Schwester 158
Deine Heimatstadt 47
Dein Herz / ist echt 152
Der Dichter 57
Der Garten 73
Der Hudson 16
Der Morgen 68
Der Regen / klopft / an meine Tür 169
Deutlich leuchten / die Augen der Nacht 130
Die bunte Rosette / von Chartres 129
Die Dolomiten 29
Die Erde / gibt mir 126
Die Harfe / ist mein Instrument 151
Die Insel schwimmt / an meine Brust 150
Die Pappel 72

Die Schweiz 33
Die Zeit III (Mit zahllosen Händen / greift die Zeit) 80
Diese Blume / ist augenschön 149
Du bist / unwiderstehlich 127
Du erfährst 38
Du herrliches / Paris 126
Du wanderst / in der schwarzen Stadt 148

Ein Lied / erfinden 147
Eintreten / in das Doppelgesicht 146
Einverstanden II (Mein Freund und ich) 111
Erbarme dich / Herr / meiner Leere 114
Erdbeben in Bukarest 13
Erde II (Grüne Kugel / schwarze Kugel) 41
Erdverwurzelt 76
Erhöre meine Bitte / Herr 145
Erscheine / Kern der Wahrheit 144
Es war einmal III (Ausgestorbene Wesen / Engel) 79

Feiertage 81
Festtag in Manhattan 17
Finden III (Ich finde / was ich nicht suchte) 74
Florenz / wunderbare Stadt 175
Fortschritt II (Wörter / vom Computer verschlungen) 90
Fortsetzung 62

Gedicht 71
Geweckt 77
Gib 63
Gott / Schöpfer aller Dinge 168
Gras II (Dein Zipfelchen Zeit / hängt) 64
Großgmain 91

Handfläche 89
Heimat III (Heimatlosigkeit / dir fremde Heimat) 45
Heimatlos 110
Heimatstadt 9
Heller 80
Himmelsschrift 71
Hitzewelle 86
Hörst du / die Flöte 143

Ich bin der Sand / im Stundenglas   142
Ich bin / die Königin der Nacht   157
Ich bin ein Baum / und atme mein   125
Ich bin / im innern Rom / geboren   167
Ich geh / mit meinen fremden Füßen   174
Ich hab / ein Wort gefunden   161
Ich habe / dich geliebt   124
Ich lege dich / an meine Stirn   141
Ich möchte reden / doch ich kann nicht   166
Ich sehne mich / nach Licht und Liebe   165
Ich spüre / den klaren Zug   140
Ich suche Gott / und finde ihn   164
Ich verzichte / auf den Glanz   139
Ich widme mich / dem Feuer dieser Tage   156
Ich will / noch einmal   176
Idee   113
Identität   92
Im Garten   88
Im Himmel / wo die Welten / blühn   123
Im Märchenland / blüht die Poesie   128
Im Regen   75
Im seidigen / Maigrün / einer Frühlingsnacht   122
Im Umkreis / meiner Liebe / zum All   121
Immer warte ich / auf Wunder   137
In alle Winde   83
In einer / Festung aus Büchern   120
In meiner / Traumorchidee / spüre ich   119
Innengeburt   87
In Toledo   21
Isoliert   65
Israels Wüste   37
Italien II (Du Glockenmund)   24

Ja Nein   93
Jenes Land   85
Jungfernjoch II (Aus Gewölk / wird Himmel)   32
Jungfernjoch III (Gletscher / die blaue Himmelshöhle)   84

Keine Zeit II (Die Tanne im Nachbargarten)   48
Kennst du / den Zauber   136
Kimpolung im Schnee   44
Köln   35
König Tag   53

Komm / einen Atemzug näher   135
Kreislauf III (Wo bin ich / wo bist du)   99

Landschaften   42
Landstraße   97
Laß mich / dir entgegenblühn   118
Laß mich / nicht allein   134
Lieder   98
Lorelei   39
Lugano   31

Mai / mein Monat / du streust   117
Meine Ahnen / waren unbescholten   116
Metropolis   43
Mittelpunkt II (Geh die Straße entlang)   49

Nachtzauber   54
Niagara Falls II (Den erträumten Sonntag finden)   14
Noch   55
Norwegische Seefahrt   36

Öffne die Stäbe / damit der goldne Himmelskörper   160
Orte   46

Paris II (Wo die Luft flimmerndes Silber)   18
Peille   19

Riviera II (Sein Nacken / braune Landschaft)   28
Rom II (Sieben Profile / den Jahrhunderten)   25

Salzburg   34
San Michele   27
Schlafen Sie gut / sagt mir die Schwester   163
Sieh / die spiegelglatte Ebene   133
Sonnenblume   159
Sonntag in Barcelona   20

Tage   108
Trost III (Einst hat der / Aussätzige geklappert)   112

Verchrter Gott / Gib mir ein Zeichen   177
Vergiß / daß wir uns liebten   155
Vergiß mich nicht / ich bin   132

Vergiß nicht   107
Verlobt   106
Vom Gipfel / sehe ich   154

Wann II (Ich hole die Kastanien / aus dem Feuer)   105
Wenn du / nicht da bist   115
Wer bin ich / wenn die Wolken weinen   162

Zu schön   109

Alphabetisches Verzeichnis nach Gedichtanfängen

Als auf den Fensterscheiben / die Blumen blühten   172
Als ich in Constanza war   173
Als ich Landschaften sammelte   42
Am Anfang / ohne Ende   93
Auf der Landstraße / treffen wir uns   97
Auf Seite 117 / lese ich   109
Aus Blumen / Schnee und Gefahr   85
Aus dem Lichtquell / eines großen Augenblicks   153
Aus einem heißen Schlaf / bin ich erwacht   171
Ausgestorbene Wesen / Engel   79
Aus Gewölk / wird Himmel   32

Bald / kommt die Freundin   170
Bergriesen / im Morgengold   30
Besuch aus verlorenen Jahren / mit dem Böhmenbuch   78
Bleib / deinem Wort / treu   131

Dann kamen / Wolken   61
Das Herz der Rose liebt / deinen Atem   63
Das norwegische Frachtschiff   36
Das offne Herz der Muschelsonne   22
Das Reh im Wald / ist meine Schwester   158
Dein Herz / ist echt   152
Dein Zipfelchen Zeit / hängt   64
Den erträumten Sonntag finden   14
Der / dem Apfelbaum gleicht   76
Der Dichter / fügt wieder zusammen   57
Der Garten / öffnet seine Rosen   73
Der Mond errötet   54
Der Regen / klopft / an meine Tür   169
Deutlich leuchten / die Augen der Nacht   130
Die bunte Rosette / von Chartres   129
Die Erde / gibt mir   128
Die Harfe / ist mein Instrument   151
Die Insel schwimmt / an meine Brust   150
Die Stadt breitet aus / ihre Geräusche   16
Die Tage sind ein Gewächs   108
Die Tanne im Nachbargarten   48

Die wir uns / fortsetzen   62
Diese Blume / ist augenschön   149
Du bist / unwiderstehlich   127
Du fliegst über / tönende Berge   34
Du Glockenmund / Sonnenfluß im Süden   24
Du hast die Stadt verschluckt   43
Du herrliches / Paris   126
Du wanderst / in der schwarzen Stadt   148

Ein Lied / erfinden   147
Eine goldene Kette / fesselt mich   9
Einen Drachen reiten / wenn der Fuß versagt   56
Einst hat der / Aussätzige geklappert   112
Einst war ich / Scheherezade   83
Eintreten / in das Doppelgesicht   146
Erbarme dich / Herr / meiner Leere   114
Erhöre meine Bitte / Herr   145
Erscheine / Kern der Wahrheit   144
Es ist an der Zeit / das Erbe zu verteilen   70

Festtag in Manhattan / der König   17
Florenz / wunderbare Stadt   175
Friedliche Hügelstadt   12

Geh die Straße entlang   49
Gelb / leuchtet mir / die Sonnenblume   159
Gestürzt / in erstickende Trauer   13
Geweckt / aus / ehernem Schlaf   77
Gletscher / die blaue Himmelshöhle   84
Glorreiche Namen / deiner Schulpflicht   71
Gott / Schöpfer aller Dinge   168
Großgmain / schönes Baumgmain   91
Grüne Kugel / schwarze Kugel   41
Grüner Walddiamant   11

Heimatlosigkeit / dir fremde Heimat   45
Himmel / aus Wasser   31
Himmel floridablau / wucherndes Grün   15
Hörst du / die Flöte   143

Ich bin / die Königin der Nacht   157
Ich bin der Sand / im Stundenglas   142
Ich bin ein Baum / und atme mein   125

Ich bin / im innern Rom / geboren   167
Ich bin / mit meinem Wort   106
Ich finde / was ich nicht suchte   74
Ich geh / mit meinen fremden Füßen   174
Ich glaube // Liebe deinen Nächsten   113
Ich hab / ein Wort gefunden   161
Ich habe / dich geliebt   124
Ich habe Neapel gesehen   27
Ich hole die Kastanien / aus dem Feuer   105
Ich krieche / zwischen Gebeten   81
Ich lege dich / an meine Stirn   141
Ich möchte reden / doch ich kann nicht   166
Ich schreibe / auf meine Handfläche   89
Ich sehne mich / nach Licht und Liebe   165
Ich spüre / den klaren Zug   140
Ich suche Gott / und finde ihn   164
Ich verzichte / auf den Glanz   139
Ich war einmal / in Spanien geboren   21
Ich widme mich / dem Feuer dieser Tage   156
Ich will / noch einmal   176
Im Garten / atmet die Zeit / freier   88
Im Himmel / wo die Welten / blühn   123
Im Märchenland / blüht die Poesie   138
Im seidigen / Maigrün / einer Frühlingsnacht   122
Im Umkreis / meiner Liebe / zum All   121
Im Zeiten- / Karussell   35
Immer warte ich / auf Wunder   137
In einer / Festung aus Büchern   120
In meiner / Traumorchidee / spüre ich   119
Isoliert / dem Fuchs verfallen   65
Italiens Zypressen / neigen sich nicht   38

Kennst du / den Zauber   136
König Tag / hat sein Tagwerk / getan   53
Komm / einen Atemzug näher   135
Kreis an Kreis in Kreisen   20
Kreisschwarze Botschaft / der Raben   44

Laß mich / dir entgegenblühn   118
Laß mich / nicht allein   134
Laß mich nicht allein / Meine Sorgen   107

Mai / mein Monat / du streust   117
Mein Freund und ich / sind einverstanden   111
Meine Ahnen / waren unbescholten   116
Menschen haben mir / mein Ich verboten   92
Mit abertausend Gesichtern / Wolkenwangen   68
Mit einer Pappel / als Feder   72
Mit meinem Seidenkoffer   110
Mit Wäldern und Bergen / befreundet   47
Mit zahllosen Händen / greift die Zeit   82

Noch eine Zeile   55
Nur der Schatten / blieb   80

Öffne die Stäbe / damit der goldne Himmmelskörper   160
Oktopusarme / umklammern / deinen Tag   58

Rom führt / zu allen Wegen   40

Schlafen Sie gut / sagt mir die Schwester   163
Sein Nacken / braune Landschaft   28
Sieben Profile / den Jahrhunderten   25
Sieh / die spiegelglatte Ebene   133
Silberne Pruthsprache   10
Spürst du / die Eindringlichkeit   23

Todfeindin Sonne / im Hochdruck   86

Über Israels Wüste   37
Um vier Uhr morgens / singen Vögel im Fenster   98
Unser tägliches Brot / Honig und Milch   87
Unter dem Rhein   39
Unter Kastanien im Park / sitz ich im Regen   75
Unvorbereitet / vom Zufall geführt   29

Verehrter Gott / Gib mir ein Zeichen   177
Vergiß / daß wir uns liebten   155
Vergiß mich nicht / ich bin   132
Vergiß nicht / die Uhr aufzuziehn   19
Vom A zum B / ist ein endloser Weg   66
Vom Gipfel / sehe ich   154
Von Ort zu Ort   46

Weiß auf Blau / die Himmelsschrift   69
Weißes Erinnern / Gipfel haben das Wort   33
Wenn du / nicht da bist   115
Wer bin ich / wenn die Wolken weinen   162
Wir haben aufgehört / Zeichen zu deuten   67
Wo bin ich / wo bist du   99
Wo die Luft flimmerndes Silber   18
Wörter / vom Computer verschlungen   90

Quellenverzeichnis

Südlich wartet ein wärmeres Land. Gedichte.
Pfaffenweiler Presse, Pfaffenweiler 1982.
So sicher atmet nur Tod. Gedichte.
Pfaffenweiler Presse, Pfaffenweiler 1983.
Ich zähl die Sterne meiner Worte. Gedichte.
Fischer Taschenbuch Verlag, Frankfurt/Main 1985.
König Tag; Nachtzauber; Noch.
In: *Jahresring* 1983/84, DVA, Stuttgart 1983.
Credo.
In: *Die Zeit*, Nr. 30, Hamburg, 22.07.1983.
Der Dichter.
In: *Erster Almanach der Pfaffenweiler Presse*,
Pfaffenweiler Presse, Pfaffenweiler 1983.
Acht Stunden.
In: *Die Paradiese in unseren Köpfen*,
Arena Verlag, Würzburg 1983.
Landstraße; Lieder; Kreislauf (III).
In: *Unterwegs mit Dir*, Morstadt-Verlag, Kehl 1984.

Der Abdruck der Gedichte erfolgt nach Band 6 der *Gesammelten Werke* Rose Ausländers, *Wieder ein Tag / aus Glut und Wind. Gedichte 1980–1982*, S. 343–385, und nach Band 7, *Und preise die kühlende Liebe / der Luft. Gedichte 1983–1987*, S. 7–133, beide erschienen im S. Fischer Verlag, Frankfurt am Main 1986 bzw. 1988.

Inhalt

1982 5

Südlich wartet ein wärmeres Land 7

1983 51

So sicher atmet nur Tod 59

1984 95

1985 101

Ich zähl die Sterne meiner Worte 103

Nachwort 179

Editorische Notiz 185

Zeittafel Rose Ausländer 187

Verzeichnis der Gedichte
   alphabetisch nach Gedichttiteln 193
   alphabetisch nach Gedichtanfängen 199

Quellenverzeichnis 205